DISCOURS

Prononcé le 23 Février 1888, à Montpellier

AUX

OBSÈQUES DU GÉNÉRAL PERRIER

Directeur du Service Géographique de l'Armée
Membre de l'Institut

Par le Général Borson

Commandant la 31e Division

MONTPELLIER

TYPOGRAPHIE ET LITHOGRAPHIE CHARLES BOEHM

IMPRIMEUR DE L'ACADÉMIE DES SCIENCES ET LETTRES,
DE LA SOCIÉTÉ LANGUEDOCIENNE DE GÉOGRAPHIE,
DU CONSEIL GÉNÉRAL DES FACULTÉS.

—

1888

DISCOURS

Prononcé le 23 Février 1888, à Montpellier

AUX

OBSÈQUES DU GÉNÉRAL PERRIER

Directeur du Service Géographique de l'Armée
Membre de l'Institut

Par le Général Borson

Commandant la 31ᵉ Division

MONTPELLIER

TYPOGRAPHIE ET LITHOGRAPHIE CHARLES BOEHM

IMPRIMEUR DE L'ACADÉMIE DES SCIENCES ET LETTRES,
DE LA SOCIÉTÉ LANGUEDOCIENNE DE GÉOGRAPHIE,
DU CONSEIL GÉNÉRAL DES FACULTÉS.

1888

DISCOURS

Prononcé le 28 Février 1888, à Montpellier

AUX

OBSÈQUES DU GÉNÉRAL PERRIER

MESSIEURS,

La mort si soudaine du Général PERRIER nous a tous douloureusement surpris et émus. Le Général Commandant le 16ᵐᵉ Corps, avec l'autorité qui lui appartient, vient de nous dire quelle perte l'Armée a faite. Celle de la Science n'est pas moindre, et il convient de la rappeler dans ce suprême hommage à celui qui n'est plus.

Cette mission revenait, de droit, aux officiers du Service Géographique accourus ici pour rendre les derniers devoirs à celui qui fut leur chef et leur maître, et dont ils ont été les collaborateurs dévoués. Ils ont voulu me faire partager avec eux ce triste honneur. Sorti, comme le Général PERRIER, des rangs de l'ancien corps d'État-Major, j'ai été jadis son chef; je ne l'ai jamais perdu de

vue dans sa carrière, je suis resté jusqu'au bout son ami.
C'est à ce titre que je me crois autorisé à mêler à mes
regrets personnels quelques-uns des souvenirs de sa vie
scientifique, si prématurément brisée.

Un grand nombre d'entre vous, Messieurs, ont connu
Perrier, Colonel ou Général de brigade, membre de
l'Institut, Président d'un Conseil général, devenu par son
mérite et ses services un des hommes qui illustraient
leur pays. Plus rares sont ceux qui ont été témoins des
débuts de sa carrière. C'est cependant la phase de la vie
où se dessinent le caractère, les aptitudes, la volonté,
tout ce qui fera un jour l'homme.

En remontant à plus de vingt-cinq ans en arrière, je
me rappelle le capitaine Perrier et nos premières rela-
tions. Il était alors attaché à la Section géodésique du
Dépôt de la Guerre. Il prit part en 1861 et 1862, sous
la direction du colonel Levret, l'un des derniers survi-
vants de l'illustre corps des Ingénieurs Géographes, à la
mesure des triangles jetés sur le Pas-de-Calais, pour
opérer la jonction des réseaux trigonométriques de France
et d'Angleterre. Dans cette entreprise, deux Commis-
sions étaient en présence, composées : l'une d'ingénieurs
anglais, l'autre d'officiers français. Perrier soutint la
lutte avec la science du polytechnicien servie par la vi-
gueur d'exécution et la précision qui le distinguaient ;
mais l'outillage scientifique des officiers français était
imparfait et suranné. « La comparaison fut écrasante, écrit
»Perrier ; j'en fus si profondément frappé que je résolus,

»dès lors, de consacrer ma vie à la régénération du Ser-
»vice géodésique de l'armée, si tristement tombé en
»défaillance ».

Ce n'est pas ici le lieu, Messieurs, de dire les raisons
de cet état de choses, qui tenait aux circonstances bien
plus qu'aux hommes. Le corps des Ingénieurs Géographes avait été dissous et versé dans le corps d'État Major,
dont les préoccupations s'étaient tournées presque exclu-
sivement vers son métier militaire. La tâche assumée,
à l'origine, par le Dépôt de la Guerre semblait d'ailleurs
accomplie. La géodésie de la carte de France était ter-
minée ; celle de la Corse avait été exécutée en 1863
par PERRIER, qui la rattacha au continent ; quant à celle
qui restait à entreprendre en Algérie pour y asseoir les
levés topographiques, on ne voulait y voir qu'une œuvre
d'exécution pratique.

C'est dans ces conditions si peu favorables que PERRIER
prit l'initiative de tout un programme de travaux d'une
haute portée. Il comprenait :

En Algérie, la triangulation géodésique, y compris la
mesure de deux bases de près de 10 kilomètres de longueur, l'une à l'Ouest vers la frontière du Maroc, l'autre à
l'Est vers celle de la Tunisie, destinées, avec celle d'Alger,
à appuyer la chaîne primordiale du parallèle algérien. —
Des opérations astronomiques dans huit stations princi-
pales pour servir à une étude plus approfondie de la figure
et des dimensions du globe terrestre ;

En France, la revision des grandes opérations faites
au commencement du siècle pour la détermination des

bases du Système métrique, afin de mettre ces mesures au courant des progrès de la science.

On devait enfin réaliser ce vœu d'Arago et de Biot, qui pouvait passer pour un rêve au commencement du siècle : prolonger jusqu'en Afrique et même jusqu'aux confins du Sahara le grand arc de méridien qui, des îles Shetland au Nord par l'Écosse, l'Angleterre et la France, descend vers l'Espagne ; franchir à cet effet la Méditerranée avec des triangles de près de 300 kilom. de côté ; enfin relier cette chaîne à l'arc du parallèle algérien qui s'étend du Maroc à la Tunisie.

L'exécution de ce programme a été, on peut le dire, l'œuvre de la vie de Perrier, celle à laquelle il consacra vingt-cinq années au milieu d'autres sollicitudes et d'autres travaux.

Disons-le hautement, Messieurs, comme le plus grand hommage rendu à sa mémoire ; il avait promis de consacrer sa vie à relever la Géodésie française, dans l'acception la plus large du mot ; il a tenu parole.

Cette science, selon lui, est de l'ordre le plus élevé, puisqu'elle touche à la physique du globe. Il ne s'agit plus désormais, pour elle, d'emprunter simplement à l'astronomie les positions géographiques d'une station de départ et de s'en servir pour déterminer celles de tout un réseau ; elle doit multiplier les stations de comparaison. Elle élève, à cet effet, jusque sur des sommets à peine accessibles, des observatoires improvisés ; elle y transporte des instruments de précision pour les observations astronomiques. Elle se sert tour à tour de l'électricité et de la lumière solaire pour projeter, au moyen d'appareils optiques, des faisceaux lumineux à de grandes distances et assurer ainsi les visées de jour et de nuit dans des conditions de précision inconnues de nos devanciers. Après avoir comparé les résultats tirés des mesures célestes avec ceux déduits de la triangulation, elle met en évidence les irrégularités dans la figure de la Terre et apporte de nouveaux éléments à la connaissance exacte des dimensions du globe.

PERRIER donnait le nom d'Astronomie géodésique à ces opérations destinées à servir de complément aux travaux de triangulation.

Une Association géodésique internationale, composée d'astronomes et d'officiers des différentes nations, s'est constituée pour coordonner leurs réseaux géodésiques, les soumettre aux mêmes exigences de précision, les fusionner dans un plan d'ensemble, et arriver ainsi à des conclusions d'une portée générale pour la physique du globe.

La France pouvait-elle se dispenser de prendre part à ces grandes assises de la Science ? Si elle entrait dans ce concert européen, qui serait délégué pour y représenter la Géodésie et prendre des engagements qui comportaient de longues années de travail et une réorganisation du service, comme personnel et comme instruments d'observation ? Qui assumerait la tâche de reconstruire cet édifice de la Géodésie française, dont la majestueuse ordonnance ne pouvait plus désormais masquer les parties en ruines ?

Vous avez, Messieurs, déjà répondu à ces questions :
ce fut Perrier.

Son activité se révèle sous toutes les formes : il marche
droit au but avec une énergie virile, sans se laisser ar-
rêter par les difficultés des temps, ni déconcerter par des
conseils timides.

Dès 1861, il avait obtenu *comme une faveur* de rompre
avec les anciens errements et d'inaugurer les nouvelles
méthodes d'observation et de calcul. Il fait exécuter sous
sa direction, pour la mesure des angles, un instrument,
chef-d'œuvre de la science et de l'art, et auquel il apporte de nombreux perfectionnements. Sur ses instances,
le Bureau des Longitudes intervient, en 1869, auprès du
Maréchal Niel, Ministre de la Guerre, et réussit à obtenir
de lui la revision de la grande Méridienne de France.
Dès 1873, encore simple capitaine, il est appelé à faire
partie de ce Conseil illustre pour y représenter le Ministre
de la Guerre. On reconnaît ici ce dévouement à la science,
cette passion dans les recherches qui distinguent les
hommes dont le génie domine les événements, triomphe
des obstacles et appelle sur leur nom la célébrité.

C'est dans les nombreux volumes du *Mémorial du
Dépôt de la Guerre* que sont consignés les travaux astronomiques et géodésiques de Perrier. On retrouve dans
le texte dont il a accompagné les observations et les cal-
culs, et dans la *Notice sur ses travaux scientifiques*, pu-
bliée en 1879, l'indication et la marche du vaste plan
dont il poursuivait l'exécution. A chaque étape de son
œuvre, il constate, avec une sorte de fierté, les résultats

obtenus. Jamais satisfaction plus légitime ! Comme le
voyageur arrivé au sommet de la pente qu'il a gravie,
il contemple les grands horizons de la science, il aspire
l'air vivifiant de ces régions sereines, pour y puiser de
nouvelles forces.

Ainsi, après avoir organisé en 1877, sous le patro-
nage du Bureau des Longitudes, un observatoire, annexe
de celui de Montsouris, afin d'y former les officiers de
la Géodésie aux observations les plus délicates, il ajoute :
«La France pourra reprendre le rang qu'elle a longtemps
»occupé, et auquel elle a droit de prétendre dans les
»grandes entreprises géodésiques».

Après avoir terminé la triangulation d'Algérie, et
l'avoir rattachée, d'une part à celle de l'Espagne, de
l'autre à celle de l'Italie, «Elle servira, dit-il, de ferme-
»ture à cette immense ceinture qui entoure la Méditer-
»ranée, la franchissant deux fois, pour unir l'Afrique
»à l'Europe, l'Algérie à la France».

Après la détermination géodésique et astronomique
de l'arc du parallèle algérien de près de 10 degrés d'am-
plitude, commencé par le capitaine Versigny, il ajoute :
«Nous apportons, à titre de contribution à l'étude de la
»Terre, la mesure d'un arc de parallèle dont la longueur
»dépasse celle de la méridienne entre Dunkerque et Per-
»pignan. C'est le premier arc de cette espèce qui puisse
»concourir, avec les grands arcs méridiens d'Europe et
»d'Asie, à une étude définitive de la terre».

En rendant compte de la jonction de l'Espagne et de

l'Algérie par-dessus la Méditerranée, exécutée de concert avec les Ingénieurs espagnols, il fait remarquer que ce sont là les plus grands triangles mesurés jusqu'ici. Ils ont, en effet, des côtés dont les longueurs dépassent 257 et 270 kilom., et le rapprochement des triangulations espagnole et algérienne, sur un côté commun de plus de 105 kilom. de longueur, accuse un écart de moins de 8 décimètres.

Ce seul résultat permet d'apprécier la perfection des procédés et l'habileté des opérateurs.

La guerre de 1870, où PERRIER fit noblement son devoir de soldat, avait interrompu la nouvelle mesure de la grande Méridienne de France. Dès 1871, il se remet au travail ; c'était là son œuvre de prédilection : «Elle évoque, dit-il, de glorieux souvenirs, et l'on com- »prendra que nous ayons été séduit par la pensée de »reprendre l'œuvre des Picard, des Cassini, des Delam- »bre et des Méchain, avec les moyens perfectionnés »d'observation et de calcul que la science possède au- »jourd'hui».

Après neuf années consécutives d'observations, il atteint la base de Melun, c'est-à-dire les deux tiers du travail dont l'année 1889 devait voir la fin. «L'œuvre immor- »telle de nos maîtres, dit-il, est mise en harmonie avec »les besoins de la science».

Bien que cette énumération des travaux de PERRIER soit très incomplète, je ne puis passer sous silence la

mission qu'il accomplit en 1882, où il se rendit dans
l'Amérique du Nord, avec ses deux fidèles collaborateurs,
le commandant Bassot et le capitaine Defforges, pour y
étudier un phénomène céleste qui tenait en suspens le
monde savant. Il en revint, souffrant des premières
atteintes du mal qui devait altérer sa santé et abréger sa
vie. Je mentionnerai aussi la part prépondérante qui lui
revient dans la création d'un établissement d'un grand
intérêt pour la région du Midi, pour celle du littoral, et
pour Montpellier en particulier. Je veux parler de l'Observatoire météorologique de l'Aigoual. Cette entreprise
était chère à son cœur ; elle le rattachait à ces montagnes
des Cévennes où il était né, et aux souvenirs de son en-
fance.

Si je ne me trompe, Messieurs, ces citations et ces
faits font connaître PERRIER, restaurateur de la Géodésie française, avec ses larges vues d'ensemble, son
énergie et sa persévérance ; mais ce n'étaient pas là les
seuls dons de cette nature, riche comme le sol qui l'a vu
naître. Sa science n'était pas celle dont l'austérité touche
à la sécheresse, isole l'homme de la société et le rend
peu propre au maniement des grandes affaires.

Appelé par les suffrages de ses concitoyens à la Prési-
sidence du Conseil général du Gard, il montrait dans la
discussion des questions d'intérêt public un tact et une
intelligence rares, qui semblaient marquer sa place dans
les grandes Assemblées du pays.

Doué d'une parole claire et facile, pleine de charme et

je dirai d'*humour*, il savait captiver son auditoire, tout en traitant les matières les plus arides. Pendant les cinq années où il professa à l'École supérieure de Guerre, il avait ajouté à sa réputation de savant celle d'un maître dans l'art de la parole. Son caractère ouvert, dont la cordialité n'excluait pas la finesse, attirait la sympathie ; sa bonne humeur était faite de simplicité et de grâce méridionale. Homme du monde, bon camarade, il alliait la bienveillance naturelle à l'autorité de l'intelligence, du caractère et de l'exemple, sans laquelle son action fût restée inféconde. Ses aptitudes spéciales l'avaient poussé dans la voie scientifique, et il faut s'en féliciter pour la gloire de la France et pour les grandes œuvres auxquelles il a attaché son nom. S'il eût porté son activité vers les questions militaires, j'ai la conviction que son sens droit, son intelligence claire et rapide, sa connaissance des hommes, lui auraient acquis une brillante réputation dans l'art de la guerre. Tel il a été jugé d'ailleurs par les officiers généraux qui l'ont vu de près en 1870 et 1871 sur les champs de bataille de Metz et de Paris. L'homme de courage et d'énergie se retrouve dans ces quelques lignes relatives à la triangulation d'Algérie :

« Six années, dit-il, passées sous la tente dans des ré»gions malsaines ou peu accessibles ont été consacrées à »ce travail. L'insurrection des Arabes en 1864, le typhus »et le choléra en 1866, la famine en 1867 et 1868, ont »fait courir (à la Mission) les plus grands dangers. Deux »de nos camarades sont morts, l'un de la fièvre, l'autre »d'une insolation ».

Placé depuis quelques années à la tête du Service géographique de l'Armée, PERRIER, dont la santé s'était altérée, dut partager son activité et son temps entre la science et les devoirs attachés à la direction de cette institution de premier ordre. Il avait été élu membre de l'Académie des Sciences en janvier 1880 ; né le 18 avril 1833, il n'avait pas alors 47 ans. Nommé Général de brigade au mois de janvier 1887, ce grade lui avait enfin donné une situation en rapport avec ses services et avec le rôle qu'il remplissait, comme Délégué français, dans les congrès scientifiques de l'étranger.

Sa promotion fut accompagnée de circonstances qui figureront parmi ses titres de gloire, et que je ne puis rappeler ici sans émotion. Une députation de l'Institut se rendit, en corps, auprès du Ministre de la Guerre, pour le prier de donner à la Science française une satisfaction si impatiemment attendue. Dans la haute Commission des Commandants de Corps d'Armée, l'un d'eux, qu'une juste réserve ne me permet pas de nommer ici, prit la parole, et, dans le langage élevé que vous connaissez, avec l'autorité de la science et des grands services, rallia tous les suffrages. Le Colonel PERRIER fut porté, à l'unanimité des voix, sur la liste de présentation au Ministre.

Et maintenant, Messieurs, notre affliction redouble, notre cœur se serre à la pensée que celui qui avait si bien mérité de la Science et de l'Armée n'est plus, et que nous allons confier à la terre sa froide dépouille. La mort inexorable est venue l'enlever brusquement à sa renommée, à sa haute position, à son fils unique, aujourd'hui deux fois orphelin.

Ne nous demandons pas pourquoi a été tranchée si tôt cette vie si bien remplie, et qui promettait encore une riche moisson. Ne laissons pas la plainte monter à nos lèvres. Chrétien, ma foi s'incline devant les décrets de Dieu, et je dépose ici tristement, sur le cercueil de celui qui fut mon camarade et mon ami, en lui adressant mon dernier adieu, le tribut de mon souvenir et de mes regrets.

Montpellier, 23 février 1888.